まちごとインド

South India 002 Chennai
チェンナイ
飛躍する南インドの「港湾都市」
சென்னை

Asia City Guide Production

【白地図】南インド

INDIA
南インド

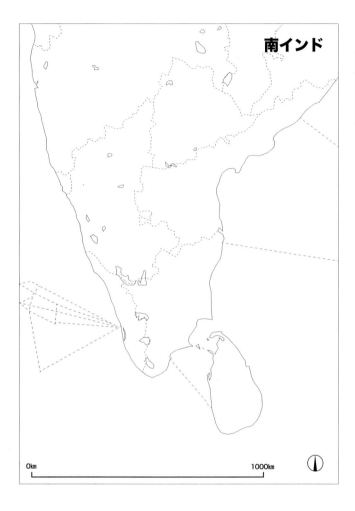

【白地図】タミルナードゥ州

INDIA
南インド

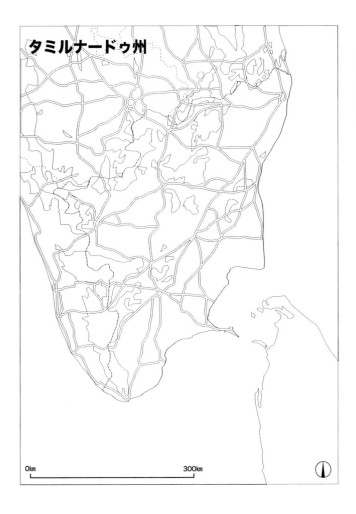

【白地図】チェンナイ

INDIA
南インド

チェンナイ

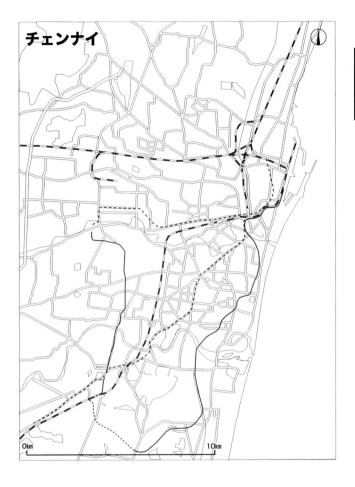

【白地図】チェンナイ市街

INDIA
南インド

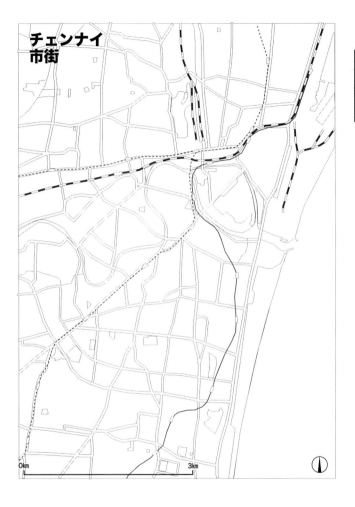

【白地図】聖ジョージ要塞

INDIA
南インド

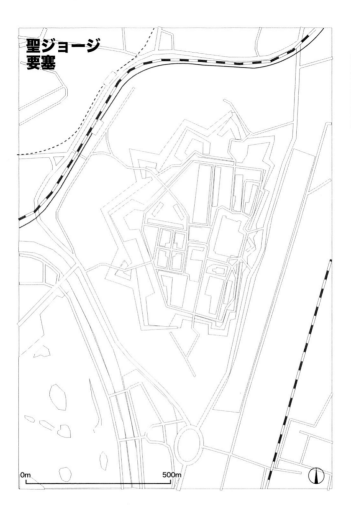

【白地図】チェンナイ旧市街

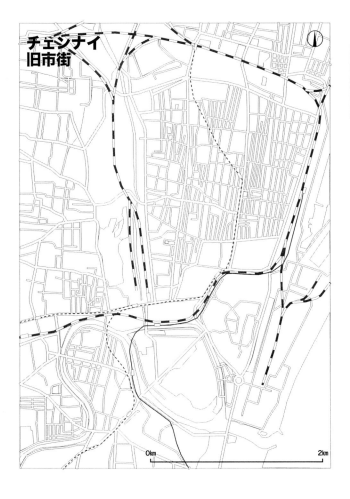

【白地図】ジョージタウン

INDIA
南インド

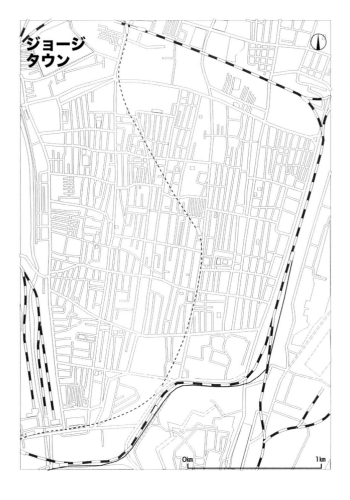

【白地図】チェンナイ駅

INDIA
南インド

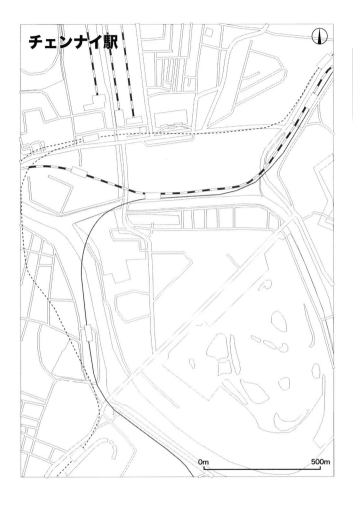

【白地図】アンナーサライ

INDIA
南インド

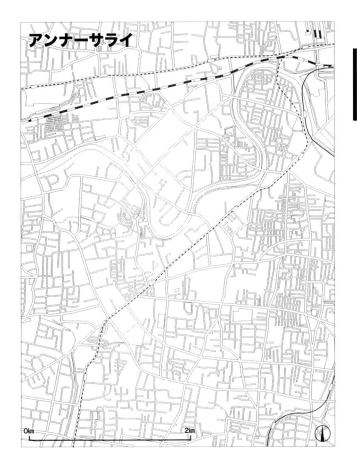

【白地図】エグモア駅

INDIA
南インド

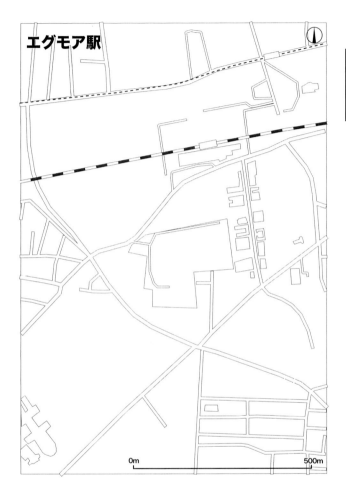

【白地図】マドラス博物館

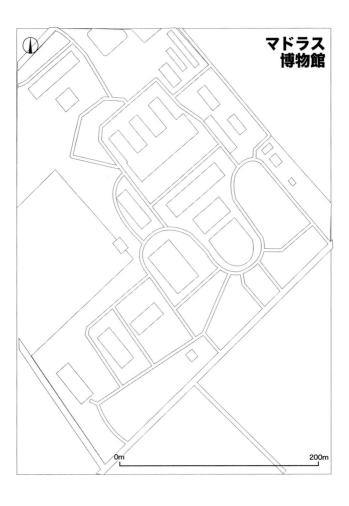

マドラス博物館

Chennai 白地図

0m 200m

【白地図】マリーナビーチ（チェンナイ海岸部）

INDIA
南インド

【白地図】トリプリケーン

INDIA
南インド

【白地図】マイラポール

INDIA
南インド

マイラポール

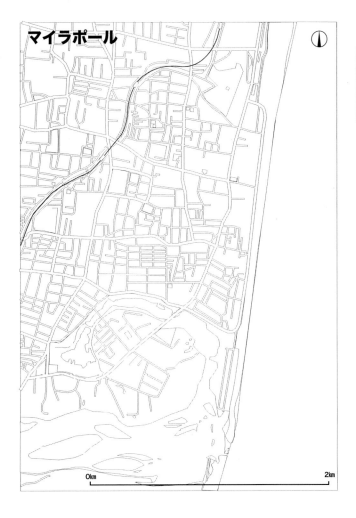

Chennai 白地図

【白地図】カパーレシュワラ寺院

INDIA
南インド

カパーレシュワラ寺院

Chennai 白地図

【白地図】チェンナイ首都圏

INDIA
南インド

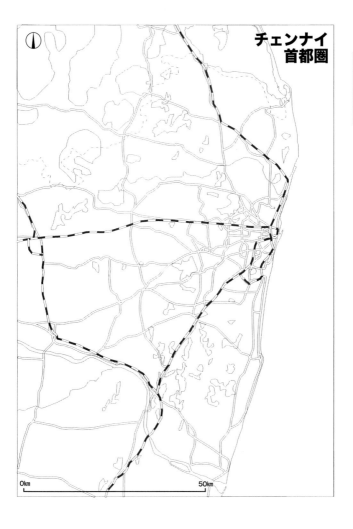

チェンナイ首都圏

Chennai 白地図

【まちごとインド】
南インド 001 はじめてのタミルナードゥ
南インド 002 チェンナイ
南インド 003 カーンチプラム
南インド 004 マハーバリプラム
南インド 005 タンジャヴール
南インド 006 クンバコナムとカーヴェリー・デルタ
南インド 007 ティルチラパッリ
南インド 008 マドゥライ
南インド 009 ラーメシュワラム
南インド 010 カニャークマリ

INDIA
南インド

タミルナードゥ州の州都チェンナイは南インド最大の港湾都市で、北インドのデリー、西インドのムンバイ、東インドのコルカタとともに黄金の四辺形を構成する。1年を通して気温が高く、街は豊かな緑で彩られている。

ベンガル湾に面したコロマンデル海岸の歴史は古く、古代ローマとの交易も指摘されるが、チェンナイの地は17世紀までただ砂浜が広がっているばかりだった。1639年、イギリス東インド会社の商館が構えられたことで街は発展をはじめ、南インド一帯に領域をもつマドラス管区の主都となった。

சென்னை Chennai
チェンナイ

　街にはイギリスが建てた駅舎や高等法院、大学などの建築が残り、植民都市マドラスとして知られていたが、1996年にイギリス以前の土地の名前にちなむチェンナイに改名された。またチェンナイはサンスクリット語にも匹敵する2000年の歴史をもつタミル語話者が暮らす、南インドのドラヴィダ文化の中心地にもなっている。

【まちごとインド】

南インド 002 チェンナイ

INDIA
南インド

目次

チェンナイ	xxxiv
常夏砂浜から誕生した街	xlii
フォート城市案内	l
旧市街城市案内	lxiii
植民都市マドラスの発展	lxxx
アンナーサライ城市案内	lxxxv
トリプリケーン城市案内	ciii
マイラポール城市案内	cxx
郊外城市案内	cxxxvi
首都圏城市案内	cxlii
城市のうつりかわり	cxlix

【MEMO】

【地図】南インド

INDIA
南インド

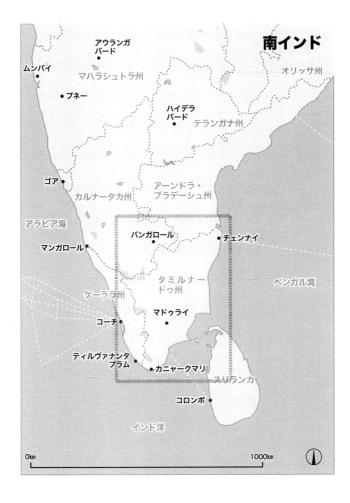

【地図】タミルナードゥ州

常夏砂浜から誕生した街

INDIA
南インド

北インドとは大きく異なるチェンナイの人、言葉、文化
南国ののんびりとした雰囲気のなか
経済成長を続ける南インドへのゲートウェイ

南インド最大の港湾都市

デリーをのぞくムンバイ、コルカタ、そしてチェンナイはほとんどなにもない場所から、近代以降、世界とインドを結ぶ港として急速に発展してきた。1947年、イギリスの植民地からインドが独立すると、国防や国家戦略上、研究、教育機関、先端技術をもつ産業が南インドに集まり、チェンナイも工業都市、IT都市の顔をもつようになった。とくにチェンナイはベンガル湾から東南アジアへ続く地の利をもち、市街地を囲むように郊外に工業団地がつくられ、チェンナイ首都圏を構成している。

Chennai 常夏砂浜から誕生した街

植民都市として発展

1639年、イギリス東インド会社の商館が構えられたことで、チェンナイの歴史ははじまった（近代、産業革命を成功させたイギリスは、ロンドンからケープタウン、ムンバイ、チェンナイ、シンガポール、香港などを拠点にもつ「陽の沈まぬ国」だった）。コルカタやムンバイよりも街は早くに発展し、1688年、イギリスのジェームス2世の特許状で市政がしかれたインドでもっとも古い近代都市でもあった。イギリス植民支配の拡大とともに、南インドに広がるマドラス管区の主都となり、議会制民主主義、法による統治、道路や港湾の整

INDIA
南インド

備、英語による教育などが進められた。

チェンナイの気候

赤道に近いチェンナイ（北緯13.05度）では、1年を通して平均気温が25度をしたまわらず、「ホット、ホッター、ホッテスト」の気候をもつと言われる。チェンナイ市街に沿うようにマリーナ・ビーチが続き、市街の平均海抜は6m程度となっている。またチェンナイの位置するコロマンデル海岸は、春から夏の南西季節風だけでなく、秋に北東季節風の影響を受けることから1000～1200mm（デリーの2倍ほど）の年

▲左　聖トーマスの南インド布教にちなむ聖トーマス聖堂。　▲右　イギリス統治時代に建てられたチェンナイ中央駅

間降雨量をもつ。

チェンナイの構成

チェンナイ市街はコロマンデル海岸に沿って南北に長く続く。チェンナイ中心部から南5kmのマイラポール、その北のトリプリケーン地区はイギリス植民以前からヒンドゥー教徒の巡礼地となっていた。1639年、イギリスの商館がおかれたのは、クーヴァム川がベンガル湾に流れる地点で、商館を中心とする聖ジョージ要塞、インド人街（ジョージ・タウン）が整備された。市街地は北と南に拡大して、マイラポールを

▲左　チェンナイは1年中夏の気候。　▲右　タミル語で記された看板が見える

飲み込み、20世紀に入るとアディヤール川を越えたところに新市街がおかれるようになった。また21世紀に入ってチェンナイから50km程度の距離に放射状に工業団地がつくられ、チェンナイ首都圏を構成している。

【MEMO】

Chennai 常夏砂浜から誕生した街

【地図】チェンナイ

【地図】チェンナイの [★★★]
- [ ] マリーナ・ビーチ Marina Beach

【地図】チェンナイの [★★☆]
- [ ] 聖ジョージ要塞 Fort St. George
- [ ] マドラス博物館 Government Museum Chennai
- [ ] アンナー・サライ Anna Salai
- [ ] ヴァッルヴァル・コッタム Valluvar Kottam
- [ ] カパーレシュワラ寺院 Kapaleeswarar Temple
- [ ] サントメ聖堂 San Thome Church

【地図】チェンナイの [★☆☆]
- [ ] チェンナイ中央駅 Chennai Central Railway Station
- [ ] エグモア駅 Egmore Railway Station
- [ ] 聖トーマスの丘 St. Thomas Mount
- [ ] マドラス・クラブ Madras Club
- [ ] アディヤール Adyar

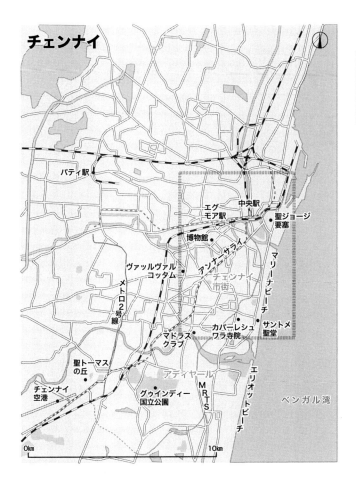

Guide, Fort St. George
フォート城市案内

INDIA
南インド

イギリス東インド会社の商館が構えられた聖ジョージ要塞
イギリスの領土支配がはじまると
ここは行政、経済、軍事などで植民地統治の象徴となった

聖ジョージ要塞 Fort St. George ［★★☆］

1639年、チェンナイの地を取得したイギリスは商館と要塞の建設をはじめ、基礎が完成した4月23日がイングランドを守護する聖ジョージの祝日だったところから、聖ジョージ要塞と名づけられた（周囲を川と海に囲まれた小高い丘に立ち、四隅に見張り台が配置された）。1654年にはより強固な要塞が完成し、1710年ごろから市街地が形成された。市街地には東インド会社の職員やイギリス人商人が暮らしたことからホワイト・タウンの名前で呼ばれ、ヨーロッパ風の建物がならんでいた。現在はタミルナードゥ州の行政機関がおかれている。

【MEMO】

【地図】チェンナイ市街

【地図】チェンナイの [★★★]
- [ ] マリーナ・ビーチ Marina Beach

【地図】チェンナイの [★★☆]
- [ ] 聖ジョージ要塞 Fort St. George
- [ ] マドラス博物館 Government Museum Chennai
- [ ] アンナー・サライ Anna Salai
- [ ] ヴァッルヴァル・コッタム Valluvar Kottam
- [ ] アンナー・ドゥライ記念廟 Anna Samadhi
- [ ] MGR記念碑 MGR Memorial
- [ ] パールタサラティー寺院 Parthasarathy Temple
- [ ] カパーレシュワラ寺院 Kapaleeswarar Temple
- [ ] サントメ聖堂 San Thome Church

【地図】チェンナイの [★☆☆]
- [ ] チェンナイ中央駅 Chennai Central Railway Station
- [ ] エグモア駅 Egmore Railway Station
- [ ] 千灯モスク Thousand Lights Mosque
- [ ] カーマージー・サライ Kamarajar Salai

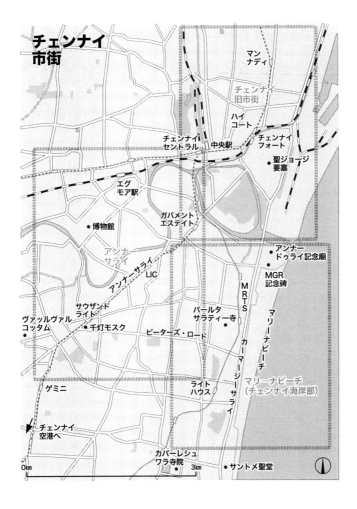

INDIA
南インド

東インド会社とは

スペインとポルトガルが先がけとなって大航海時代がはじまり、1492年にコロンブスがアメリカ大陸を、1498年にヴァスコ・ダ・ガマがインド航路を「発見」した。イギリス東インド会社はポルトガルやオランダに遅れて東方に進出し、東洋特産の胡椒、綿花、茶、アヘンなどが運ばれた（東インド会社は、航海にかかるリスクを分散する株式会社だった）。こうしてインド海岸部にイギリスの商館が構えられたが、当初の目的である交易だけでなく領土支配がはじまり、やがて東インド会社に代わってイギリス本国から官僚が派遣される

▲左 イギリスの統治拠点がおかれた聖ジョージ要塞。 ▲右 武器や防具が展示されている

直接統治になった。

フォート博物館 Fort Museum ［★☆☆］

イギリス東インド会社の商館が転用されたフォート博物館。要塞の模型、戦争で使われた銃剣など東インド会社にまつわる遺品の展示が見られる。またこの博物館の外側には、ベンガル湾に向かって大砲がすえられている。

【地図】聖ジョージ要塞

【地図】チェンナイの [★★☆]
- [ ] 聖ジョージ要塞 Fort St. George

【地図】チェンナイの [★☆☆]
- [ ] フォート博物館 Fort Museum
- [ ] 聖メアリー教会 St. Mary's Church
- [ ] 高等法院 High Court

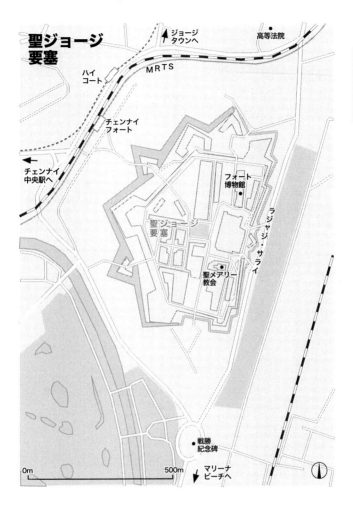

【MEMO】

INDIA
南インド

植民都市チェンナイの構成

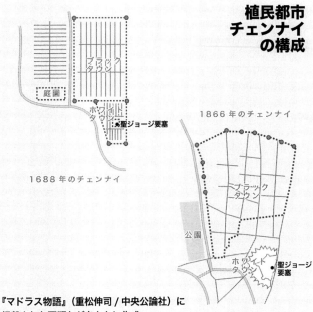

『マドラス物語』(重松伸司/中央公論社)に掲載された図版などをもとに作成

INDIA
南インド

聖メアリー教会 St. Mary's Church ［★☆☆］

聖ジョージ要塞の中心に立つ聖メアリー教会は、1680年に創建された歴史をもつ。インド最古のイギリス国教会で、イギリス本国からこの地へ赴任してきた人々のために、儀礼や儀式が行なわれた（1680年、マドラス総督イェールはここで結婚式をあげている）。イギリス国教会は、儀礼などでカトリック的な要素を残すが、国王を首長としたプロテスタントに近い教義をもつ。チェンナイにある植民建築のなかでこの聖メアリー教会はもっとも古い部類に入る。

▲左　尖塔が印象的な聖メアリー教会。　▲右　東インド会社から大英帝国へ、7つの海を支配した

植民都市マドラスにて

コルコタに拠点が遷る18世紀初頭まで、イギリスのもっとも重要な商館はチェンナイにあった（コルカタのあるベンガル地方は、ムガル帝国の支配が強く、なかなか勢力を拡大できなかった）。のちにイェール大学の基礎をつくるイェールが1687年、第5代マドラス総督として赴任し、また「インド帝国の建設者」と言われるロバート・クライブが1743年に東インド会社の書記としてチェンナイに配属されている。ロバート・クライブは1757年のプラッシーの戦いでムガル太守とフランスの連合軍を破ったことで、領土支配を進め、イギリスのインド支配への地歩を築いた。

Guide,
George Town
旧市街
城市案内

聖ジョージ要塞の北側に広がるジョージ・タウン
ここはインド人が暮らすブラック・タウンと呼ばれたところで
1906年のイギリス皇太子の訪問を機に改名された

高等法院 High Court [★☆☆]

赤レンガの本体、ドームやアーチ、ミナレットやアーチで構成された高等法院は、インド植民地建築の最高峰にあげられる。軍事上の空き地だったところに1892年に建てられ、中央塔の高さは50mにもなる（ジョージ・タウンへの入口にあたる）。イギリスは法治主義をインドにもちこみ、それを定着させたことが特筆される。

インド・サラセン様式とは

イギリス統治への不満が爆発した1857〜59年のインド大反

【地図】チェンナイ旧市街

【地図】チェンナイの [★★☆]
- ☐ ジョージ・タウン George Town
- ☐ 聖ジョージ要塞 Fort St. George
- ☐ アンナー・サライ Anna Salai

【地図】チェンナイの [★☆☆]
- ☐ 高等法院 High Court
- ☐ フォート博物館 Fort Museum
- ☐ 聖メアリー教会 St. Mary's Church
- ☐ 中央郵便局 GPO Chennai
- ☐ チェンナイ港 Chennai Port
- ☐ バッキンガム運河 Buckingham Canal
- ☐ チェンナイ中央駅 Chennai Central Railway Station
- ☐ 南インド鉄道本社ビル Southern Railway Headquarters
- ☐ 聖アンドリュー教会 St. Andrew's Church
- ☐ エグモア駅 Egmore Railway Station

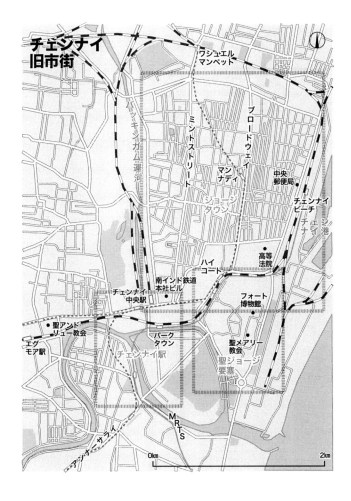

【地図】ジョージタウン

【地図】ジョージタウンの [★★☆]
- [ ] ジョージ・タウン George Town
- [ ] 聖ジョージ要塞 Fort St. George

【地図】ジョージタウンの [★☆☆]
- [ ] 高等法院 High Court
- [ ] 中央郵便局 GPO Chennai
- [ ] チェンナイ港 Chennai Port
- [ ] バッキンガム運河 Buckingham Canal
- [ ] チェンナイ中央駅 Chennai Central Railway Station
- [ ] 南インド鉄道本社ビル Southern Railway Headquarters

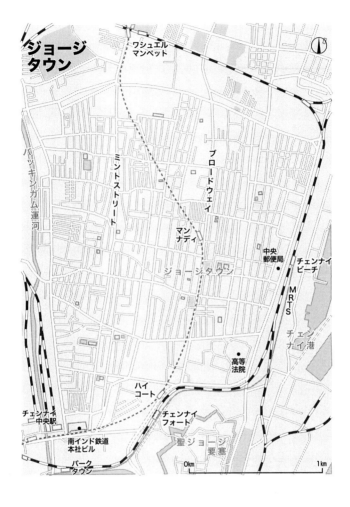

INDIA
南インド

乱(セポイの乱)が鎮圧されると、イギリスはインドの伝統文化を尊重する政策をとった。とくに建築に関して、それまでの西欧古典主義やゴシック様式ではなく、あらゆる社会集団に受け入れられるイスラム様式と西欧様式を融合したインド・サラセン様式の公共建築が建てられた。

中央郵便局 GPO Chennai [★☆☆]

赤レンガ製のたたずまいをした中央郵便局。イギリス統治時代から通信や郵便業務が行なわれてきた。

▲左　パリス・コーナー、そばには企業や高等法院が立つ。　▲右　ヨーロッパとインド・イスラム建築が融合した高等法院

ジョージ・タウン George Town ［★★☆］

無数の商店、問屋、倉庫がならび、バザールが走るジョージ・タウン。ここは17世紀に植民都市の発展をになうインド人街として整備されたブラック・タウンをはじまりとし、チェンナイ港と中央駅のあいだで物資が集散される商業地となってきた。インド人商人や職人のほか、ユダヤ人、アルメニア人、ポルトガル人、イギリス私商人が滞在し、1900年までチェンナイ人口の3分の1がこの街に暮らしていた。

INDIA
南インド

カーストごとに集住

聖ジョージ要塞の北側におかれたインド人街は、日干し煉瓦や椰子の葉を使い、泥の壁で囲まれていたが、20世紀に入り、2〜4階建ての現在のたたずまいになった（当初、イギリス人とともに来住した西インドのマールワール商人やグジャラート商人が商業をになったが、やがてタミル人商人にとって代わられた）。この街では、商人、職人などが職能別に通りごとに集住し、農業カーストを中心に複数のカーストからなる右手集団と、商工業者を中心とする左手集団で争いが起こることもあった。

▲左 ジョージ・タウン、多くの商店がならぶ。　▲右 待機するリキシャ、チェンナイのリキシャは黄色い

街なかを走るリキシャ

チェンナイの駅前や交差点には、三輪のオートリキシャが待機する様子が見られ、多くのリキシャが街なかを走っている。このオートリキシャは市民の足となっていて、免許を取得した運転手が州政府に定められた制服を着て、黄色の車体を走らせている。

チェンナイ港 Chennai Port ［★☆☆］

ブラック・タウンの東側に広がるチェンナイ港は、1909年に人工港として整備され、南インドを代表する港湾となった

INDIA
南インド

(1889年に防波堤が建設、その後、港が完成した)。東南アジアとの貿易拠点として知られ、エビなどの水産品、皮革製品、コーヒー、茶が輸出され、鉄鋼や機械などが輸入される。このチェンナイ港の背後にチェンナイ中央駅、バッキンガム運河があり、海と内陸部の結節点となっている。

砂浜からの上陸

自然の入江がなく砂浜が広がっていたチェンナイでは、19世紀末まで大型船が発着することができず、船は1.5 km以上沖合に停泊し、上陸のための小船が利用されてきた（高波や

▲左　多くの人が行き交う中央駅、インド各地へ線路は伸びる。　▲右　積みあげられたフルーツ、街は南国の陽気もあわせもつ

季節風の影響で、船が転覆することもしばしばだった)。かつて聖ジョージ要塞の沖合に船は泊まっていたが、1798年にジョージ・タウンの東側に港が整備され、現在ではそこから24km北のエンノール港も利用されるようになった。

バッキンガム運河 Buckingham Canal ［★☆☆］

バッキンガム運河はコロマンデル海岸に沿うように整備された南インド最大の運河。イギリス統治時代の19世紀初頭に着工され、チェンナイを縦断するこの運河で、綿花、食料、石炭、薪などが運ばれた(コロマンデル海岸は物資の運搬に

INDIA
南インド

不向きだった)。アーンドラ・プラデーシュ州からタミルナードゥ州南端のコモリン岬まで600 kmに渡って続く。

チェンナイ中央駅
Chennai Central Railway Station [★☆☆]

高くそびえる時計塔と赤レンガの本体をもつチェンナイ中央駅。現在の駅舎は1900年に完成し、ムンバイやコルカタといった北インド諸都市からの終着駅となっていた(チェンナイ最初の鉄道は1856年に開通した)。駅では、タミル語、ヒンディー語、英語の三言語の表示が見られる。

【MEMO】

【地図】チェンナイ駅

【地図】チェンナイ駅の [★★☆]
- [ ] アンナー・サライ Anna Salai
- [ ] 聖ジョージ要塞 Fort St. George

【地図】チェンナイ駅の [★☆☆]
- [ ] チェンナイ中央駅 Chennai Central Railway Station
- [ ] 南インド鉄道本社ビル
  Southern Railway Headquarters

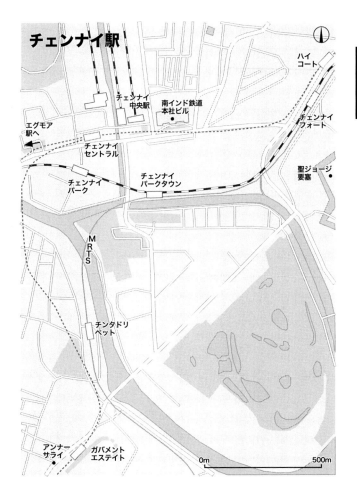

INDIA
南インド

南インド鉄道本社ビル
Southern Railway Headquarters [★☆☆]

チェンナイ中央駅の東側に立つ南インド鉄道本社ビル。1922年に建てられたインド・サラセン様式となっている。

ふたつの鉄道駅

チェンナイには北へ通じる中央駅と、タミルナードゥ州各地と結ばれたエグモア駅のふたつの駅がある。こうした複数の駅は、インドの鉄道がイギリスの都合でつくられ、広軌、狭軌など異なるゲージが敷かれたことに由来する。港湾都市か

▲左　鉄道駅と港湾機能をもつムンバイ、コルカタ、チェンナイは近代以降に発展した。　▲右　堂々とした風格をもつ南インド鉄道本社ビル

ら内陸に向かって線路が伸び、綿花などインドの物資が運び出され、またこの鉄道を通してイギリスの工業製品が内陸へ運ばれた（19世紀、チェンナイなどの近代港湾都市と鉄道を通じてインドは世界経済へ組み込まれた）。

聖アンドリュー教会 St. Andrew's Church ［★☆☆］

聖アンドリュー教会は1821年の建てられた植民地建築で、上部に鋭角の尖塔が載る。ロンドンの聖マーチンズ・インザフィールズ聖堂をモデルとしているという。

植民都市マドラスの発展

INDIA
南インド

長いあいだマドラスの名で知られてきた港町
喜望峰を越えてインドに到達したイギリスが
最初期に商館を構えた植民都市であった

土地の取得

15世紀、西欧諸国にとってもっとも魅力的だったのが東南アジアの香料で、コロマンデル海岸の綿花はそれと取引する対価となっていた。こうした事情から、ポルトガルはマイラポールに、オランダはプリカットに商館を構えていたが、イギリスの進出は遅れ、1639年、南北5.3km、東西1.6kmからなるチェンナイの地を獲得した。イギリスがこの地を選んだのは周囲を川に囲まれた立地、交易をうながすため地元領主が好条件を出したこと、安価な綿花を供給する農村が後背地にあったためだと言われる。

Chennai 植民都市マドラスの発展

綿花がうながした衣服革命

綿花はインドの特産品で、グジャラート、ベンガル、南インド南部のコットンベルト地帯といった綿花の産地近くにイギリスの商館がおかれた。肌触り、鮮やかな色彩やデザイン、価格の安さといった特徴をもつ綿花は、17世紀末になると「インド・キャリコ」と呼ばれて、ヨーロッパで爆発的な人気を獲得するようになった（絹織物、毛織物に換わる衣服革命が起こった）。インドの綿製品はオランダ経由で江戸時代の日本にも運ばれ、サントメ（チェンナイ南部のマイラポール）の名をとった桟留縞（さんとめ）、ベンガルの名をとっ

INDIA
南インド

た弁柄縞(べんがら)として、江戸町人にも広まっていた。

マドラスの拡大

1639年、チェンナイを獲得したイギリスは、綿布の生産、流通を行なうため、免税措置をとることでインド人職人や商人の移住をうながした。1640年には300〜400人と言われる綿織物職人、商人がこの街に移住し、1660年にはマイラポールのポルトガル人も来住するようになった。1639年に7000人だった人口は、1646年に1万9000人、1670年に4万人、1681年に20万人、1685年に30万人に達し、南インド最大

▲左 マドラス博物館、マドラスとはチェンナイの昔の呼びかた。 ▲右 イギリスは鉄道を敷き、綿花を運び出した

の都市へ成長した。インド人のほかにもイスラム教徒やアルメニア人などさまざまな人々の姿があった。

Chennai 植民都市マドラスの発展

Guide, Anna Salai
アンナーサライ城市案内

聖ジョージ要塞から伸びるアンナー・サライ
映画館やショッピング・センター
多くの人びとでにぎわいを見せる街角

エグモア駅 Egmore Railway Station ［★☆☆］

白いドームをいただき、赤レンガの外壁をもつチェンナイ・エグモア駅。チェンナイと南のタミルナードゥ州各地との列車が発着する（中央駅はムンバイやコルカタへの列車が発着する）。イギリス統治時代に建てられ、1908年に開業し、このエグモア駅前にはホテルや食堂が軒を連ねている。

南インド料理

南インドでは、麦食の北インドと違って米を主食とする。またヒンドゥー教の伝統が強く残っていることから、菜食主義

【地図】アンナーサライ

【地図】アンナーサライの [★★☆]
- [ ] マドラス博物館 Government Museum Chennai
- [ ] アンナー・サライ Anna Salai
- [ ] ヴァッルヴァル・コッタム Valluvar Kottam
- [ ] パールタサラティー寺院 Parthasarathy Temple

【地図】アンナーサライの [★☆☆]
- [ ] エグモア駅 Egmore Railway Station
- [ ] エクスプレス・アベニュー Express Avenue
- [ ] 千灯モスク Thousand Lights Mosque
- [ ] コーダン・バッカム Kodam Bakkam
- [ ] チェンナイ中央駅 Chennai Central Railway Station
- [ ] 聖アンドリュー教会 St. Andrew's Church

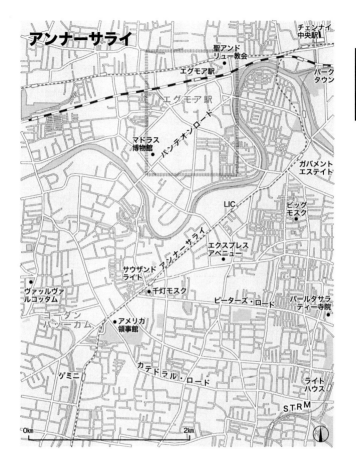

【地図】エグモア駅

【地図】エグモア駅の [★★☆]
- [ ] マドラス博物館 Government Museum Chennai

【地図】エグモア駅の [★☆☆]
- [ ] エグモア駅 Egmore Railway Station
- [ ] 聖アンドリュー教会 St. Andrew's Church

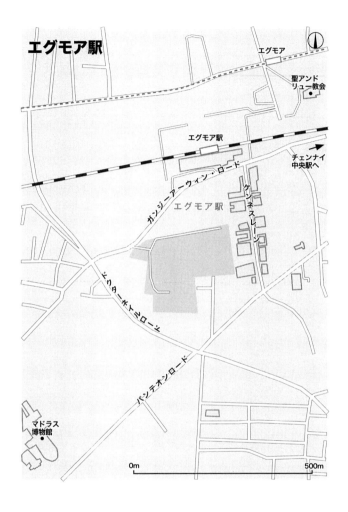

南インド

▲左 エグモア駅、駅界隈は夜遅くまでにぎわう。 ▲右 南インドの料理、バナナの葉の上に載せる

者が多いのが特徴で、野菜や豆が食材に使われている。バナナの葉を皿代わりにしたミールスと呼ばれる定食が食され、お米による蒸しパン、小麦粉を使ったクレープのようなドーサも街の食堂にならぶ。

マドラス博物館 Government Museum Chennai [★★☆]

チェンナイ州立博物館は、イギリス統治時代の1851年に創立された歴史をもち、本館、ブロンズ・ギャラリー、子供美術館、国立美術館、現代美術館といった複数の博物館からなる。これら博物館群では、タミルナードゥ州で出土した動物

【MEMO】

【地図】マドラス博物館の [★★☆]

- [ ] マドラス博物館 Government Museum Chennai

マドラス博物館

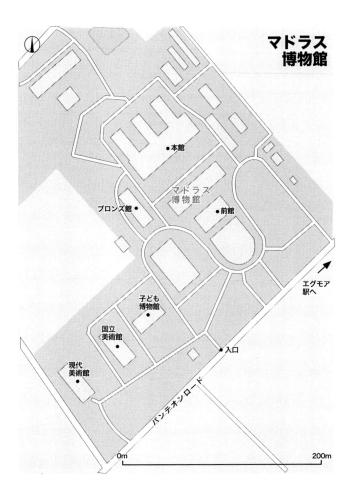

INDIA
南インド

の化石や旧石器文化(マドラス文化)の遺品から、両性具有のシヴァ神やチョーラ朝時代のブロンズ像などのヒンドゥー教彫刻、アマラーバティー出土の仏教彫刻、細密画などを収蔵する。またグジャラート建築(ファティープル・シークリーのブランド・ダルワザ)を模した旧ヴィクトリア記念堂(現国立美術館)は1909年に建てられ、イギリス時代の代表作にあげられる。

踊るシヴァ神

「踊るシヴァ神」ナタラージャの銅像は13世紀のチョーラ

▲左 「踊るシヴァ神」ナタラージャ。　▲右 巨大な恐竜の像がおかれている、マドラス博物館にて

朝時代につくられ、南インドを代表する作品として知られる。炎の円環のなかで片足で羅刹をふみ、片足をあげた姿はシヴァ神の創造と破壊の二面性が表現されている。ナタラージャの意匠はインダス文明でも見られ、のちのチョーラ朝時代にこのナタラージャが保護されて広まった。

カルナータカ音楽

インド音楽は、北インドのヒンドゥスターニー音楽と南インドのカルナータカ音楽というふたつの系統をもつ。北インドの音楽が西アジアの影響を受けているのに対して、カルナー

INDIA
南インド

タカ音楽は純粋なインド音楽の伝統を残すと言われ、声楽を中心にヴィーナー（弦楽器）とムリダンガム（打楽器）がもちいられる。チェンナイでは音楽祭や舞踏祭が行なわれ、南インド音楽の本場となっている。

舞踏バラタナティヤム

インド舞踏の代名詞として親しまれているタミル地方の舞踏バラタナティヤム。南インドのヒンドゥー寺院では、古くから神に踊りを捧げるデーヴァダーシーがいて、20世紀に入り、その芸術性が注目されるようになった。伝統的にデー

▲左　アンナー・サライはチェンナイ随一の通り。　▲右　千灯モスクのたたずまい、異なる宗派が共存する

ヴァダーシーは不特定多数の男性と関係を結ぶ存在だったが、1930年代に入って踊りだけが切り離されてバラタナティヤムが誕生した。こうした南インドの伝統に根づいた舞踏や音楽はタミル映画でも生かされている。

アンナー・サライ Anna Salai ［★★☆］

アンナー・サライは聖ジョージ要塞から南西に伸びるチェンナイの目抜き通りで、銀行や企業、映画館、商業施設などがならぶ。チェンナイの歴史は聖ジョージ要塞からはじまったが、やがて手ぜまになり、イギリスが南インドでの支配権を

確立した 18 世紀末から街は郊外へと拡大した。この通りは聖トーマスが殉教したという丘に伸びることから、かつてマウント・ロードと呼ばれていた。

エクスプレス・アベニュー Express Avenue [★☆☆]
エクスプレス・アベニューはチェンナイでも有名なショッピング・モール。インテリア、医療品や家電などがならび、インドの中流層が買いものをしている。ミャンマー、マレーシアなどで商売に成功したタミル人が、チェンナイに大型商店を建設するという事例も見られる。

▲左　絶大な人気を誇る映画スター。　▲右　アンナー・サライで出合った靴屋さん

千灯モスク Thousand Lights Mosque ［★☆☆］

イスラム教シーア派の千灯モスク。中心の大きなドームの周囲に小さなドームが載る特徴的なたたずまいをしている。

コーダン・パッーカム Kodam Bakkam ［★☆☆］

コーダン・パッーカムにはタミル映画の撮影所や制作会社が集まり、ムンバイのボリウッドに次ぐ映画産業の拠点として知られる（コリウッドとも、マドラスのMからモリウッドとも呼ばれる）。タミル映画はヒンディー映画に準ずる規模をもち、シンガポールやマレーシアなどタミル人が暮らす地

域にも輸出されている。男性ヒーローがぽっちゃりとして、ちょびひげをたくわえるなど南インド独特の嗜好があり、タミル映画の俳優MGRが州首相に就任するなど大衆への影響力もきわめて強い。『ムトゥ踊るマハラジャ』はタミル映画の代表作となっている。

ヴァッルヴァル・コッタム Valluvar Kottam [★★☆]

ヴァッルヴァル・コッタムは、タミル人にもっとも愛される詩人ティルヴァッルヴァルを記念して1976年に建設された。戦車式の本体のうえに傘状の屋根が載る特徴的な外観をも

> Chennai｜アンナーサライ城市案内

ち、壁面にはティルヴァッルヴァルの詩が刻まれている。ティルヴァッルヴァルはマイラポール（チェンナイの南）で生まれたとされ、今なおタミル人に読み継がれている『ティルックラル』を残している（5〜6世紀ごろのもので、詩の内容からジャイナ教徒と考えられている）。

Guide, Triplicane
トリプリケーン城市案内

イギリスの植民がはじまる以前からの伝統をもつトリプリケーン
ヴィシュヌ派の聖域パールタサラティー寺院
そこに隣接してイスラム教徒の居住区がある

チェンナイとマドラス

チェンナイは長いあいだ、1639年にイギリスが獲得した漁村集落マドラサパトナムからとられたマドラスの名前で呼ばれてきた(「マンドラ神」かアラビア語の「学校」に由来し、パトナムは「町村」)。こうしたなか1996年、植民地時代を思わせるマドラスではなく、イギリス統治以前、この地方の領主が父の名前にちなんで呼んでいたチェンナッパトナムに由来するチェンナイに改称された。ドラヴィダ運動の高まりのなかで、通り名なども地元の政治家名やタミル語に変更され、チェンナイのほかカルカッタはコルカタと、ボンベイは

【地図】マリーナビーチ（チェンナイ海岸部）

【地図】マリーナビーチ（チェンナイ海岸部）の [★★★]
- [ ] マリーナ・ビーチ Marina Beach

【地図】マリーナビーチ（チェンナイ海岸部）の [★★☆]
- [ ] アンナー・ドゥライ記念廟 Anna Samadhi
- [ ] MGR記念碑 MGR Memorial
- [ ] パールタサラティー寺院 Parthasarathy Temple
- [ ] カパーレシュワラ寺院 Kapaleeswarar Temple
- [ ] サントメ聖堂 San Thome Church
- [ ] アンナー・サライ Anna Salai

【地図】マリーナビーチ（チェンナイ海岸部）の [★☆☆]
- [ ] トリプリケーン Triplicane
- [ ] ビッグ・モスク（ワッラジャ・モスク） Wallajah Mosque
- [ ] カーマージー・サライ Kamarajar Salai
- [ ] マドラス大学 University of Madras
- [ ] ヴィヴェカーナンダ・ハウス Vivekananda Illam
- [ ] ライト・ハウス Light House
- [ ] マイラポール Mylapore

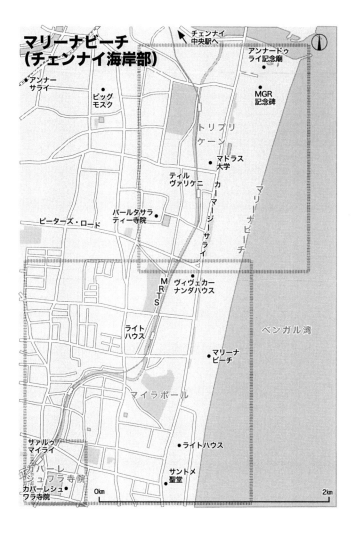

【地図】トリプリケーン

【地図】トリプリケーンの [★★★]
- [ ] マリーナ・ビーチ Marina Beach

【地図】トリプリケーンの [★★☆]
- [ ] アンナー・ドゥライ記念廟 Anna Samadhi
- [ ] MGR 記念碑 MGR Memorial
- [ ] パールタサラティー寺院 Parthasarathy Temple

【地図】トリプリケーンの [★☆☆]
- [ ] カーマージー・サライ Kamarajar Salai
- [ ] マドラス大学 University of Madras
- [ ] トリプリケーン Triplicane
- [ ] ビッグ・モスク（ワッラジャ・モスク） Wallajah Mosque
- [ ] ヴィヴェカーナンダ・ハウス Vivekananda Illam

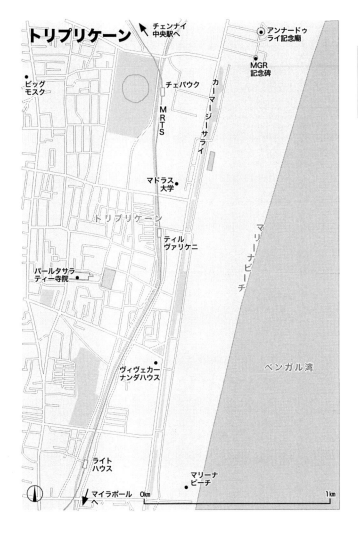

INDIA
南インド

ムンバイと表記されるようになった。

カーマージー・サライ Kamarajar Salai [★☆☆]
マリーナ・ビーチ沿いを走るチェンナイでもっとも美しい道路カーマージー・サライ。聖ジョージ要塞の脇から南のトリプリケーン、マイラポールへと伸びる。1884年に整備されたときはビーチ・ロードと呼ばれていたが、マドラス州の州知事をつとめた政治家カーマージーの名前がつけられた。政治家の記念廟や銅像がならぶ。

▲左 マドラス大学は植民地建築の傑作。　▲右 チェンナイ東側に続くマリーナ・ビーチ

マドラス大学 University of Madras ［★☆☆］

ボンベイ大学、カルカッタ大学とならんで、1857年の大学令で創立された名門マドラス大学。西欧式の高等教育がほどこされ、インド人知識層が育っていった。1873年に建てられた大学評議員会館は、レンガづくりのうえにドームが載り、植民地建築の傑作にあげられる（インド・サラセン様式とビザンチン様式が融合している）。

議会制民主主義

イギリスは植民統治のなかで、多くの富をインドから奪い、

INDIA
南インド

18世紀に産業革命を成功させたが、一方で法による支配、議会制民主主義、道路や港湾の整備も進めた。当初、東インド会社による間接統治だったが、19世紀以降は直接統治に切り替え、ロンドンからインドへ官僚を送り込んで統治にあたった。

ドラヴィダ運動の展開

19世紀、サンスクリット語のとならぶ歴史をもつタミル語文献が「発見」され、チェンナイを中心に北インドに匹敵する歴史や文化をもつ南インドのドラヴィダ運動が展開した。

Chennai
トリプリケーン城市案内

南インドのドラヴィダ人はもともとインドの原住民であったが、のちに侵入してきた北インドのアーリア人に南に追いやられ、その宗教体系に組み込まれ、低いカーストに位置づけられた。こうした北に対する南の運動をひきいたのがペリヤールで、当初、ガンジーらの国民会議派にいたがやがてわかれ、1944年からはドラヴィダ連盟を結成した。反バラモン、反北インド、反ヒンディー語教育をかかげ、独立にあたってドラヴィダスタンの建設が目指されることもあった。

INDIA
南インド

アンナー・ドゥライ記念廟 Anna Samadhi ［★★☆］

チェンナイのもっとも美しいマリーナ・ビーチに面して立つ政治家アンナー・ドゥライの霊廟。アンナー・ドゥライは1949年、過激なペリヤールからわかれ、より穏健なドラヴィダ運動を展開したことで広い支持者を獲得した。1967年、アンナー・ドゥライのドラヴィダ進歩連盟（DMK）は国民会議派からマドラス州の政権を奪取し、ドラヴィダ人本位の政権運営を行なうことに成功した。DMKの旗色の黒と赤は、それぞれドラヴィダ人と革命の色を象徴するという。

▲左　アンナー・ドゥライ記念廟に参詣する人たち。　▲右　タミルナードゥ州の英雄をまつる MGR 記念碑

MGR 記念碑 MGR Memorial ［★★☆］

アンナー・ドゥライ記念廟に隣接する MGR 記念碑。MGR（ラーマチャンドラン）はタミル映画の俳優出身の政治家で、アンナー・ドゥライとともにドラヴィダ運動の活動をしていた。アンナー・ドゥライの死後の 1977 年、タミルナードゥ州の首相になり、大衆の人気を博した（MGR は弱者を助ける映画の主人公の役を演じ、そのままの人気を政治にもちこんだ）。

INDIA
南インド

トリプリケーン Triplicane [★☆☆]

マイラポールとともに、イギリス植民以前からの伝統をもつ地域トリプリケーン。その中心に位置するのがパールタサラティー寺院で、モスクやムスリム居住区も見られる。

パールタサラティー寺院 Parthasarathy Temple [★★☆]

1000年の伝統をもつパールタサラティー寺院。シヴァ派のカパレーシュワラ寺院に対して、こちらはヴィシュヌ派の寺院となっている（ヴィシュヌ神はシヴァ神とならぶヒンドゥー教の二大神）。寺院は東向きに立ち、入口の門楼は高

▲左　中間層が影響力をもつようになった。　▲右　寺院前には神様へのお供えものが売られている

さ30mにもなる。寺院内部には列柱が連なり、それぞれに彫刻がほどこされている。

ムスリム居住区

チェンナイのイスラム教徒は、8世紀ごろから海の交易を通じてこの地方に定住したタミル語を話す集団と、北インドのデリー・サルタナット朝、ムガル帝国以来のウルドゥー語を話す集団に大きくわけられる。近世、チェンナイの西100kmのアルコットにはナワーブ（ムガル太守）がいたが、地方勢力との争いから逃れるため、1767年にその居所がチェン

INDIA
南インド

ナイに遷された。そのときイギリスは軍事上の理由からクーヴァム川南に宮殿の土地を用意し、ナワーブは多くのイスラム教徒を連れてきたことから、この地域にムスリム居住区ができた（ナワーブのディナーでは「大小600の皿」がならんでいたと言われる）。1801年、ナワーブの領土カーナティックはイギリスに移譲され、イギリスの南インド支配が確立した。

▲左 列柱が続くパールタサラティー寺院。 ▲右 沐浴池の中心に立つモニュメント

ビッグ・モスク（ワッラジャ・モスク）
Wallajah Mosque [★☆☆]

ワッラジャ・モスクはチェンナイ最大のモスクで、「ビッグ・モスク」の愛称で親しまれている。アルコットのナワーブ（太守）のワッラジャ一族によって1795年に建設され、イスラム教徒の多数派をしめるスンニ派のものとなっている。

【MEMO】

INDIA
南インド

【MEMO】

**Guide,
South Delhi**

マイラポール
城市案内

INDIA
南インド

2000年の歴史をもつ街マイラポール
マルコ・ポーロが訪れて記述を残し
ポルトガルによってキリスト教聖地とされた

マリーナ・ビーチ Marina Beach [★★★]

南北2kmにわたって砂浜が続き、「世界で2番目に長い」と言われる砂浜マリーナ・ビーチ。その一角には手動の観覧車がおかれ、アイスクリームやサトウキビを販売する店などがならぶ。1年中、気温の高いチェンナイでは季節を問わず多くの人が訪れ、にぎわいを見せる。

ヴィヴェカーナンダ・ハウス Vivekananda Illam [★☆☆]

半円形の建物ヴィヴェカーナンダ・ハウス。イギリス統治時代、アイスハウスがおかれ、ボストンから運ばれた氷が保存

▲左 かつて氷をここに貯蔵した、ヴィヴェカーナンダ・ハウス。 ▲右 海岸沿いを走る通り、ライト・ハウスが見える

されていた（イギリス人はインドの暑い気候を嫌った）。近代を代表する宗教家ヴィヴェカーナンダが1897年、ここに滞在し、彼の師の教えを広めるラーマクリシュナ・ミッションの拠点となった。

ライト・ハウス Light House [★☆☆]

赤と白の外観が印象的なライト・ハウス。チェンナイでは18世紀に灯台が建てられ、沿岸を航海する船に光を照らしてきた。現在のものは20世紀後半の建造で、マリーナ・ビーチの景色の一部となっている。

INDIA
南インド

マイラポール Mylapore ［★☆☆］

チェンナイ中心部から南5 kmに位置するマイラポールは、タミル語で「孔雀の街」を意味する。紀元前2世紀のギリシャ語の地理書にも登場し、カパレーシュワラ寺院を中心にヒンドゥー教、仏教、ジャイナ教、イスラム教などさまざまな宗派の人々にとっての巡礼都市として知られていた。また13世紀、マルコ・ポーロが「聖トーマスがインド布教の最中に殉死した地」と伝え、のちに南インドに進出してきたポルトガルによってマイラポールの聖地化が進められた。16～17世紀にポルトガルの商館がおかれていたが、やがて1749年、

【MEMO】

Chennai マイラポール城市案内

【地図】マイラポール

【地図】マイラポールの [★★★]
- [ ] マリーナ・ビーチ Marina Beach

【地図】マイラポールの [★★☆]
- [ ] カパーレシュワラ寺院 Kapaleeswarar Temple
- [ ] サントメ聖堂 San Thome Church

【地図】マイラポールの [★☆☆]
- [ ] アディヤール Adyar
- [ ] 神智学協会 Theosophical Society
- [ ] バッキンガム運河 Buckingham Canal

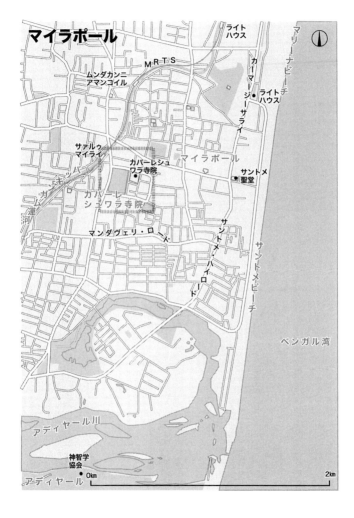

INDIA
南インド

▲左　地面に描かれた吉祥模様コーラム。　▲右　本殿よりも高いドラヴィダ式の門楼

北側のイギリスの勢力圏に組み込まれた。

カパーレシュワラ寺院 Kapaleeswarar Temple ［★★☆］

マイラポールの中心に立つカパレーシュワラ寺院は、一説では2000年の伝統をもつと伝えられる。「カパーラ（髑髏）」の鉢を手に乞食求道するシヴァ神がまつられ、63人のシヴァ信者ナーヤナールのブロンズ像が安置されている（春の祭礼ではこれらの像が飾られ、街を練り歩く）。現在の建物は17世紀以降建てられたもので、高さ40mの門塔ゴープラは本殿よりも高く、屋根が神々や聖者の像で埋め尽くされた南方

【MEMO】

【地図】カパーレシュワラ寺院の [★★☆]

☐ カパーレシュワラ寺院 Kapaleeswarar Temple

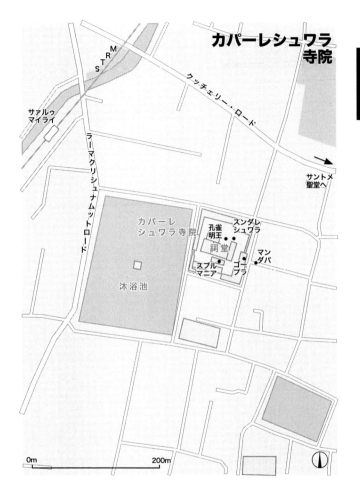

INDIA
南インド

ドラヴィダ様式となっている。

南インドとヒンドゥー教

南インドでは古くからの土着的な信仰と、北から伝播したバラモン文化が融合することで新たなヒンドゥー教が生まれた。仏教やジャイナ教も南インドに勢力を伸ばしていたが、7世紀ごろからシヴァ派やヴィシュヌ派の詩人が寺院をめぐり、神への絶対帰依を説いたことで、ヒンドゥー教の優勢が決まった。たとえば、ドラヴィダ土着のムルガン神はシヴァ神の息子スカンダ神と同一視され、南インド土着の女神をシ

▲左　白亜のサントメ教会、大航海時代の名残り。　▲右　サントメ聖堂の裏手に広がるビーチ

ヴァ神の配偶神（の化身）とすることで信仰体系がつくられた。孔雀はムルガン神の乗りもので、シヴァ神の配偶神パールヴァティー女神の化身でもあるという。

サントメ聖堂 San Thome Church[★★☆]

1世紀に南インドで布教を行ない、この地で殉教死した聖トーマスの遺体が葬られたと伝えられる場所に立つサントメ聖堂。大航海時代でインドに進出したポルトガルによって1557年に建立されて聖人の遺骨や遺品がおさめられ、マイラポールはキリスト教の聖地と見られるようになった（交

INDIA
南インド

易を通して南インドにキリスト教徒がいたのはわかっているが、実際に聖トーマスが布教を行なったかはわかっていない)。白亜のネオ・ゴシック様式の建物は19世紀末に建てられたもので、孔雀を連れたキリスト、サリーを着た聖母マリア像が見られるほか、ステンドグラスでは聖トーマスの物語が描かれている。

ポルトガルの進出

大航海時代はポルトガルとスペインによって開かれ、1498年のヴァスコ・ダ・ガマを皮切りに、ポルトガルはインド

▲左　どこまでも続くビーチ、冬でも海で泳げる。　▲右　新鮮な魚が売られていた、サントメ・ビーチ

に進出した。南インドには、交易などを通じて東方キリスト教徒が暮らしていたが、ポルトガルは1517年から聖トーマス伝説の残るマイラポールに進出した。しばらくして聖トーマスが殉死したという丘からその遺品がポルトガルによって「発見」され、キリスト教の聖地化が進んだ。マイラポールは「サントメ・デ・メルアポル（マイラポールの聖トーマスの街）」と名づけられ、1600年ごろ、布教拠点、交易拠点として繁栄をきわめていた。1545年、フランシスコ・ザビエルもこの街を訪れている。

INDIA
南インド

サントメ・ビーチ San Thome Beach ［★☆☆］

サントメ聖堂の東側に広がるサントメ・ビーチ。このあたりに暮らす漁民が地引網をしたり、漁に出たりする拠点となっていて、網や帆、オールなどが乾かされている（5本程度の木からいかだをつくるこの地方の伝統的な漁業が行なわれている）。男性の漁師がとった魚を女性が売る露店や椰子の葉で屋根をふいた民家なども見ることができる。

Guide,
Around Chennai
郊外
城市案内

INDIA
南インド

聖トーマスが殉教したという丘
またチェンナイ南郊外のアディヤールは
緑豊かな地区となっている

聖トーマスの丘 St. Thomas Mount ［★☆☆］

西暦52年ごろ、聖トーマスが殉教死したと伝えられる標高91mの丘。伝説では、キリスト十二使徒のひとりの聖トーマスは紀元1世紀にインドを来訪し、マラバール海岸からマイラポールへいたった。そのときインドの女神への崇拝をこばみ、バラモンの逆鱗にふれ、槍でさされて死んだという。1525年、ポルトガルによってこの丘に教会が建てられ、1547年にはここで中世ペルシャのパフラヴィー文字と十字架の刻まれた石碑が発見された（こうしてマイラポールの聖地化が進んだ）。イギリス統治時代、この丘に向ってアンナー・

サライが敷かれて、このあたりに軍営が構えられていた。

マドラス・クラブ Madras Club［★☆☆］

1832年に創立され、チェンナイに暮らす名士たちの社交場となっていたマドラス・クラブ（アディヤール・クラブともいう）。この建物は1891年に建てられ、ベランダを備え、八角形のホールをもつ。18世紀なかばから、チェンナイ郊外にガーデン・ハウスと呼ばれる英国式の邸宅が建てられはじめ、アンナー・サライの沿道などには当時のガーデン・ハウスが残る。

アディヤール Adyar [★☆☆]

チェンナイ市街南部から、アディヤール川を越えた地域は静かな住宅街となっている。かつては郊外だったが、現在はチェンナイ市街と一体化している。広大な緑地が続くグゥインディー国立公園、マリーナ・ビーチのさらに南、アディヤール川から南へ続く静かな浜辺エリオット・ビーチなどの自然も残る。

▲左 バイクに乗ったふたり組に出合った。 ▲右 ここが空の玄関口、チェンナイ空港にて

神智学協会 Theosophical Society ［★☆☆］

神智学協会は1875年にロシアのブラヴァツキー夫人と元アメリカ軍人のオルコット大佐によってニューヨークで設立された。宗派や人種を越えた真理の追求を目指し、1886年には協会の本部がチェンナイ郊外のアディヤールに遷された（インドの宗教改革や独立運動にも影響をあたえた）。アディヤールには協会本部、集会ホール、図書館などがあり、世界中で活動する神智学協会の本部となっている。

INDIA
南インド

▲左　ゆったりとした空間が続くアディヤール。　▲右　南インド料理、インディカ米が食べられる

クリシュナムルティとアディヤール

インドを代表する宗教者であるクリシュナムルティは、1895年、マドラス管区マダナパル（現アーンドラ・プラデーシュ州）に生まれた。神智学協会のベサント夫人の養子となり、アディヤールからマイラポールの高校に通った。クリシュナムルティはやがて神智学協会から離れ、その活動を行なった。

Guide,
Chennai Metropolritan Area
首都圏
城市案内

INDIA
南インド

拡大を続けるチェンナイを中心に
カーンチプラム、ティルヴァルールから
構成されるチェンナイ首都圏

チェンナイ首都圏
Chennai Metropolritan Area（CMA）[★☆☆]

チェンナイ首都圏は南インドでも最大の人口規模と、ベンガル湾から東南アジアへ続く地の利をもつ（チェンナイの後方にはバンガロールがひかえる）。現在、チェンナイ近郊に工業団地が設立され、チェンナイ港の北24kmに位置するエンノール港は、チェンナイ、チェンナイ首都圏、バンガロールの新たな港として存在感を増している。

【MEMO】

【地図】チェンナイ首都圏の [★☆☆]

□ チェンナイ首都圏 Chennai Metropolritan Area (CMA)

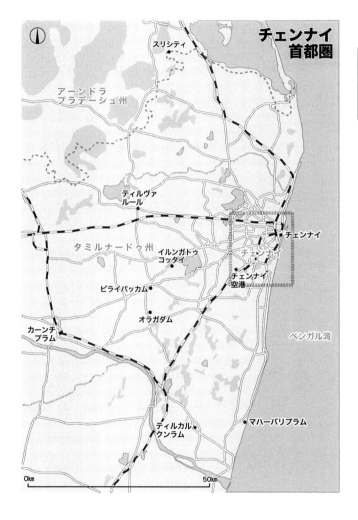

INDIA
南インド

工業団地

スリ・シティ、イルンガトゥコッタイ、オラガダム、ピライパッカムなど、チェンナイの中心から 50 km 程度のところに整備されている工業団地。南インド最大の港湾機能をもつ利点を生かして、自動車部品、IT、エレクトロニクス産業などが集積し、とくに自動車産業が集まっていることから「インドのデトロイト」という言葉も聞かれるようになった（州政府も工業大学を設置して人材の育成をはかっている）。

▲左　中流層向けのファーストフード店。　▲右　経済成長が著しいチェンナイ

中流層の台頭

チェンナイ、バンガロールといった南インドの都市は北インドにくらべて社会が安定し、州政府の強い働きかけなどから、ITパークや工業団地がつくられた。アメリカ企業のコールセンター業務が委託され、インド人女性が英語の名前を与えられて英語で電話応対するということが行なわれている。インドでは、こうした高等教育を受け、新たな産業にたずさわる人々が中流層として台頭するようになった。

城市のうつりかわり

1639年までただ砂浜が広がるだけだった土地
イギリスはここに商館を構え、植民都市の建設がはじまった
南インド最大の港湾都市への道のり

古代コロマンデル海岸（古代）

紀元前1世紀、ヒッパロスの風と呼ばれる季節風を利用してインドとローマのあいだで交易が行なわれ、コロマンデル海岸からローマ金貨が出土している（象牙や香料などが取引された）。また2世紀に記されたギリシャのプトレマイオス『地理書』のなかのマイラルファは、チェンナイ南部のマイラポールだと考えられている。このような経緯から交易を通じて南インドにもキリスト教徒が進出し、1世紀ごろ、東方の布教にあたったという十二使徒のひとり聖トーマスの伝説も語られるようになった。

INDIA
南インド

チェンナイ近郊の王朝と聖トーマス伝説(4〜17世紀)

4〜9世紀、チェンナイ西70kmのカーンチプラムに都をおき繁栄をきわめたパッラヴァ朝。この王朝は優れた南方型建築を今に伝え、チェンナイ南50kmのマハーバリプラムに外港がおかれていた。その後の13世紀、マルコ・ポーロは聖トーマスが殉教したというマイラポール(チェンナイの南5km)について記している。15世紀、南インドに進出したポルトガルは、マイラポールに商館を構え、香料交易とキリスト教布教を進めた。その際、聖トーマスの殉教地としてこの地が聖地化され、サントメ聖堂が建てられた。

▲左 タミル人が巡礼するカパレーシュワラ寺院。 ▲右 人種、宗派を越えた人々によって植民都市は発展した

イギリスの進出（17世紀）

今日に通じるチェンナイの発展は、1639年、イギリス東インド会社が地元領主からマドラサパトナムを獲得したことではじまった（1707年のスコットランドとの統合以前はイングランド）。聖ジョージ要塞のなかにイギリス人が暮らし、その北側にインド人が暮らすジョージ・タウンがおかれ、この街の人口は右肩あがりに増えていった。とくに1660年以後、ヨーロッパで綿花が爆発的な人気を博すると、チェンナイの地位は相対的に高まった（大航海時代でインドに進出してきたイギリスの商業拠点は、当初、スーラトにあったが、

INDIA
南インド

やがてチェンナイに遷った)。

南インドの覇権をめぐって（18世紀）

18世紀に入ってムガル帝国の勢力が弱まると、南インドではハイデラバードのニザーム、アルコットのナワーブ、タンジャヴールのマラータなどの地方政権が割拠した。これらの勢力争いに、イギリス、フランス、オランダらが関わり、戦いを繰り広げた。1746～48年、チェンナイはフランスに占領されているが、その後、ロバート・クライブの活躍もあって、イギリスは南インドでの地位を確実なものとした（1757

Chennai　城市のうつりかわり

年のプラッシーの戦いの勝利以降からイギリスの領土支配がはじまった)。また1767年にはアルコットのナワーブはイギリスを頼ってチェンナイに居住地を移し、1801年には南インドの大部分がイギリスの支配下に入った。

植民都市マドラス（19世紀）

南インドにおけるイギリスの支配権が確立すると、チェンナイにはコルカタ、ムンバイとならぶマドラス管区の主都がおかれた（インドの綿花を大量に輸入し、それを工業化して製品にする産業革命に成功した）。1867年に起こったインド大

INDIA
南インド

反乱以後、イギリスはインドの直接統治を行ない、ヴィクトリア女王を頂点とするインド帝国が成立した。以後、港チェンナイから内陸部に伸びる鉄道建設が進み、またインド・サラセン様式と呼ばれる植民地建築が姿を見せるようになった。チェンナイの街は、聖ジョージ要塞から郊外へ拡大し、南インド最大の街としての地位を確立した。

インド独立とドラヴィダ運動（20世紀）

イギリス統治のなかで、チェンナイにも大学や高等法院がおかれ、インド人知識人層が生まれるようになった。インド独

▲左　街のいたるところに神様をまつった祠堂が見られる。　▲右　イギリスによる植民建築が街を彩る

立への機運が高まるなか、北インドのヒンディー語やバラモン支配に抵抗するドラヴィダ運動が展開し、チェンナイはその中心地になった。1947年、インドとパキスタンが分離独立すると、チェンナイはマドラス州の州都がおかれた（言語州の考えから、イギリス領時代よりも小さくなった）。このマドラス州は1968年にタミルナードゥ州と改名されている。

現代チェンナイ（21世紀）

ドラヴィダ運動の高まりなどから、長いあいだ使われてきたマドラスという都市名は1996年、チェンナイに改められた。

INDIA
南インド

17世紀、ムンバイやコルカタに先んじて発展をはじめたチェンナイだったが、港湾機能の低さなどから両者に遅れをとっていた。21世紀に入り、インド経済が飛躍的な発展をとげるなか、チェンナイ近郊には州政府の指導で工業団地がつくられ、チェンナイからバンガロールへ続く巨大な経済圏を構成するようになっている。とくにチェンナイはベンガル湾を通じて、東南アジア、東アジアへと続く地の利をもつことが注目されている。

Chennai 城市のうつりかわり

参考文献

『マドラス物語』（重松伸司 / 中央公論社）
『東インド会社とアジアの海』（羽田正 / 講談社）
『イギリス東インド会社』（浜渦哲雄 / 中央公論新社）
『生活世界の信仰から見直すコミュナリズム現象』（関根康正 / 東洋文化）
『アジアのハリウッド』（山下博司・岡光信子 / 東京堂出版）
『マドラスにおける旧インド人地区の空間構成に関する研究』（安藤功・安藤正雄・布野修司・山根周・池尻隆史・片岡巌・小島大輔・吉村理・脇田祥尚 / 学術講演梗概集）
『南インドの建築入門』（佐藤正彦 / 彰国社）
『世界大百科事典』（平凡社）
[PDF] チェンナイ地下鉄路線図 http://machigotopub.com/pdf/chennaimetro.pdf

まちごとパブリッシングの旅行ガイド

Machigoto INDIA , Machigoto ASIA , Machigoto CHINA

【北インド - まちごとインド】

001 はじめての北インド
002 はじめてのデリー
003 オールド・デリー
004 ニュー・デリー
005 南デリー
012 アーグラ
013 ファテープル・シークリー
014 バラナシ
015 サールナート
022 カージュラホ
032 アムリトサル

【西インド - まちごとインド】

001 はじめてのラジャスタン
002 ジャイプル
003 ジョードプル
004 ジャイサルメール
005 ウダイプル
006 アジメール（プシュカル）
007 ビカネール
008 シェカワティ
011 はじめてのマハラシュトラ
012 ムンバイ
013 プネー
014 アウランガバード
015 エローラ
016 アジャンタ
021 はじめてのグジャラート
022 アーメダバード
023 ヴァドダラー（チャンパネール）
024 ブジ（カッチ地方）

【東インド - まちごとインド】

002 コルカタ
012 ブッダガヤ

【南インド - まちごとインド】

001 はじめてのタミルナードゥ
002 チェンナイ
003 カーンチプラム
004 マハーバリプラム
005 タンジャヴール
006 クンバコナムとカーヴェリー・デルタ
007 ティルチラパッリ
008 マドゥライ
009 ラーメシュワラム
010 カニャークマリ
021 はじめてのケーララ
022 ティルヴァナンタプラム
023 バックウォーター（コッラム～アラップーザ）
024 コーチ（コーチン）
025 トリシュール

【ネパール - まちごとアジア】

001 はじめてのカトマンズ
002 カトマンズ
003 スワヤンブナート

004 パタン
005 バクタプル
006 ポカラ
007 ルンビニ
008 チトワン国立公園

【バングラデシュ - まちごとアジア】

001 はじめてのバングラデシュ
002 ダッカ
003 バゲルハット（クルナ）
004 シュンドルボン
005 プティア
006 モハスタン（ボグラ）
007 パハルプール

【パキスタン - まちごとアジア】

002 フンザ
003 ギルギット（KKH）
004 ラホール
005 ハラッパ
006 ムルタン

【イラン - まちごとアジア】

001 はじめてのイラン
002 テヘラン
003 イスファハン
004 シーラーズ
005 ペルセポリス
006 パサルガダエ（ナグシェ・ロスタム）
007 ヤズド
008 チョガ・ザンビル（アフヴァーズ）
009 タブリーズ

010 アルダビール

【北京 - まちごとチャイナ】

001 はじめての北京
002 故宮（天安門広場）
003 胡同と旧皇城
004 天壇と旧崇文区
005 瑠璃廠と旧宣武区
006 王府井と市街東部
007 北京動物園と市街西部
008 頤和園と西山
009 盧溝橋と周口店
010 万里の長城と明十三陵

【天津 - まちごとチャイナ】

001 はじめての天津
002 天津市街
003 浜海新区と市街南部
004 薊県と清東陵

【上海 - まちごとチャイナ】

001 はじめての上海
002 浦東新区
003 外灘と南京東路
004 淮海路と市街西部
005 虹口と市街北部
006 上海郊外（龍華・七宝・松江・嘉定）
007 水郷地帯（朱家角・周荘・同里・甪直）

【河北省 - まちごとチャイナ】

001 はじめての河北省
002 石家荘
003 秦皇島
004 承徳
005 張家口
006 保定
007 邯鄲

【江蘇省 - まちごとチャイナ】

001 はじめての江蘇省
002 はじめての蘇州
003 蘇州旧城
004 蘇州郊外と開発区
005 無錫
006 揚州
007 鎮江
008 はじめての南京
009 南京旧城
010 南京紫金山と下関
011 雨花台と南京郊外・開発区
012 徐州

【浙江省 - まちごとチャイナ】

001 はじめての浙江省
002 はじめての杭州
003 西湖と山林杭州
004 杭州旧城と開発区
005 紹興
006 はじめての寧波
007 寧波旧城
008 寧波郊外と開発区
009 普陀山
010 天台山
011 温州

【福建省 - まちごとチャイナ】

001 はじめての福建省
002 はじめての福州
003 福州旧城
004 福州郊外と開発区
005 武夷山
006 泉州
007 廈門
008 客家土楼

【広東省 - まちごとチャイナ】

001 はじめての広東省
002 はじめての広州
003 広州古城
004 天河と広州郊外
005 深圳（深セン）
006 東莞
007 開平（江門）
008 韶関
009 はじめての潮汕
010 潮州
011 汕頭

【遼寧省 - まちごとチャイナ】

001 はじめての遼寧省
002 はじめての大連
003 大連市街
004 旅順
005 金州新区

006 はじめての瀋陽
007 瀋陽故宮と旧市街
008 瀋陽駅と市街地
009 北陵と瀋陽郊外
010 撫順

【重慶 - まちごとチャイナ】

001 はじめての重慶
002 重慶市街
003 三峡下り（重慶〜宜昌）
004 大足

【香港 - まちごとチャイナ】

001 はじめての香港
002 中環と香港島北岸
003 上環と香港島南岸
004 尖沙咀と九龍市街
005 九龍城と九龍郊外
006 新界
007 ランタオ島と島嶼部

【マカオ - まちごとチャイナ】

001 はじめてのマカオ
002 セナド広場とマカオ中心部
003 媽閣廟とマカオ半島南部
004 東望洋山とマカオ半島北部
005 新口岸とタイパ・コロアン

【Juo-Mujin（電子書籍のみ）】

Juo-Mujin 香港縦横無尽
Juo-Mujin 北京縦横無尽
Juo-Mujin 上海縦横無尽

【自力旅游中国 Tabisuru CHINA】

001 バスに揺られて「自力で長城」
002 バスに揺られて「自力で石家荘」
003 バスに揺られて「自力で承徳」
004 船に揺られて「自力で普陀山」
005 バスに揺られて「自力で天台山」
006 バスに揺られて「自力で秦皇島」
007 バスに揺られて「自力で張家口」
008 バスに揺られて「自力で邯鄲」
009 バスに揺られて「自力で保定」
010 バスに揺られて「自力で清東陵」
011 バスに揺られて「自力で潮州」
012 バスに揺られて「自力で汕頭」
013 バスに揺られて「自力で温州」

【車輪はつばさ】
南インドのアイラヴァテシュワラ寺院には建築本体に車輪がついていて寺院に乗った神さまが人びとの想いを運ぶと言います。

・本書はオンデマンド印刷で作成されています。
・本書の内容に関するご意見、お問い合わせは、発行元の
　まちごとパブリッシング info@machigotopub.com までお願いします。

まちごとインド
南インド002チェンナイ
～飛躍する南インドの「港湾都市」[モノクロノートブック版]

2017年11月14日　発行

著　者	「アジア城市（まち）案内」制作委員会
発行者	赤松　耕次
発行所	まちごとパブリッシング株式会社 〒181-0013　東京都三鷹市下連雀4-4-36 URL http://www.machigotopub.com/
発売元	株式会社デジタルパブリッシングサービス 〒162-0812　東京都新宿区西五軒町11-13 清水ビル3F
印刷・製本	株式会社デジタルパブリッシングサービス URL http://www.d-pub.co.jp/

MP033

ISBN978-4-86143-167-8 C0326　　　　Printed in Japan
本書の無断複製複写（コピー）は、著作権法上での例外を除き、禁じられています。